AF434120

اغتيالُ وَرْدةٍ

أسماء الزرعوني

اغتيالُ وَرْدةٍ

إصدارات دائرة الثقافة، حكومة الشارقة 2023م

الناشر: دائرة الثقافة ـ حكومة الشارقة ـ الإمارات العربية المتحدة

الهاتف: 5123333 6 971+

البرَّاق: 5123303 6 971+

الموقع الإليكتروني: www.sdc.gov.ae

البريد الإليكتروني: sdc@sdc.gov.ae

تصميم وإخراج: منال السويدي

الإهداء

هذه اللحظة دائما تُحيّرني.. لمن أُهدي حروفي؟

في أحيانٍ كثيرةٍ كانت تؤلمُني حُروفٌ رسمتها أناملي من عصارةِ تفكيري وكتلةِ الأحاسيسِ التي أمتلكها كإنسانةٍ أتوقف وأسرد الأسئلة

هل هناك من ينتظر الإهداء؟!

مؤكدٌ أنّ هناك الكثير ممن ينتظرون ذلك.. لكن تختلفُ الأذواق ولا بد..

لذا أُهدي مجموعتي (اغتيالُ وردةٍ) لكل من يعشق الحرف ويعيش لحظات السرد الماتع أينما كان.

تحيّاتي

أسماء الزرعوني

السارق

على الشاطئ سرق عينيّ تحت أشعة الشمس، بحثت عنه في كل الوجوه.. اختفى بين انحناءات الموج.. هل كان حُلماً في زرقة البحر؟!

اشتياق

ليس بيدي أن أحبس اشتياقي، وليس بيدي أن أنزع قلبي من جسدي المتهالك، وليس... هل لي أن أشتري قلباً لا تسكنه!؟

لعبة القدر

كم تمنيتُ وجودك معي دوماً، لكن لا سلطة لي على القدر، فقد حرمني منك، ولا أملك إلا الاشتياق بصمت، وأصمت بشوق سارحةً بفكري، وجدتُ تلك العبارة تُلاحقني: (متى ستحطّم هذا الصمت الذي تدّعيه؟).

الفُنـدق

في الفندق كانت تجلس وتقرأ العبارة نفسها في جوالها (متى
ستحطم هذا الصمت؟)؛ فأحسّت فجأةً أن جسمها ينزف ماءً
بارداً، رفعت رأسها، فوجدته أمامها بذلك الصمت، صرخت
حتى احتوت المكان... فقال: أحبُّك!

المقص

جلست على الكرسي وسرحت بخيالها، لم تنتبه عندما سألتها: أتريدين شعرَكِ قصيراً؟

هزّت رأسها دون أن تستوعب أن المقصّ سيلتهم شعرها؛ التي كانت أمها توصي أن يكون مرفوعاً خلف ظهرها كالفرس الأصيل؛ لأن جمال المرأة بشعرها.. يداعب النعاس عينيها ويد الفلبينية تمرح بشعرها ليزيدها استرخاءً... فجأةً صرخت: توقفي ماذا فعلتِ؟! فلملمت خصلات شعرها بعد أن فقدت الروح، وتسأل: كيف تعيد بريقها الذي خطفه المقص؟ لقد شلّ القلق تفكيرها.. كيف تبرر لزوجها الذي أدمن الشعر الطويل؟ أسرعت إلى البيت وهي تفكر في حلٍّ أو أكذوبةٍ تسعدها.. كان في استقبالها ونسيت أن تُحكم غطاء رأسها.. قبل أن تنطق بحرف قال لها: تبدين أكثر جمالاً!

فنجانُ قهوةٍ

أخذت فنجان قهوتها الداكنة، وقبل أن ترتشف منه، حدّقت بعينيها نحو قاع الفنجان، وسرحت في عالمها، الذي أصبح داكناً كلون القهوة، فلم تفق حتى سلخت حرارة القهوة أصابعها، ومن قبل؛ هو من حرق قلبها!

الرّمالُ الفضيّة

في صغرها داعبت أناملها الرمال الفضية، وهي تمدّ بصرها نحو دفّات الموج، كتبت أول ثلاث مرات: أعرف عندما عرفت الحرف، كتبت أحبك فمسحها الموج الهائج، واليوم تستقبل البحر عند الغروب؛ كتبت: أحبك، وإذ بهمس خلفها يقول: أحبكِ أكثر!

خَريطة

جاء غفلةً والحزن خريطة على وجهي، أخذت دمعتي
ولملمتها، ومسحتُ الخريطة!

روحُ المكان

رفعت رأسها من خلف المكتب ككل يوم تُصبّحُ عليها هذه الوردة بلغتِها... تُفرحها في زحمةِ الأوراقِ، سطّرت على طرفها: أنت روح المكان.

ثوبُ الفرح

قراءة تفاصيلي في عينيك موجُ حزنٍ، أسرتني!؟
ليتك ألبستني ثوب الفرح، فعيناك مرآةٌ تفضح تفاصيلنا.

التخلُّص

تُصارع الشمس كبد السماء، تتحدى الغيمة المشاغبة فتنشر أشعتها مصرّة على قدوم النور.. تركض هي باللفافة دون فائدة، فقد سبقتها الشمس منذ يومين، تريد أن تتخلص منه قبل رجوعها إلى بلدها، لم تنم ذلك المساء، أحضرت رضّاعته، ووضعته مسرعةً أمام عتبة المسجد واختفت...!

البوّاب

في كلّ مرة يسأله زملاؤه: لماذا لم يحضر أبوك، وهل سيحضر اليوم؟ نريد أن نتعرف عليه يا أحمد.

قال: أبي مشغولٌ، وأنا متفوّق، فلماذا يحضر؟

كم تخنقه تلك الأسئلة، أسرع إلى نافذة البواب، وقبّل رأس أبيه، وطلب منه بشدة أن يحضر مجلس الآباء بكل فخر! لقد كان البواب.. الكل يعرفه، ولا يعرفه أحد!

مُواء

البرد شديد وصوت الديك يعلن قدوم الصباح، والنعاس عانده الأرق، والليل طويل، فتحت نافذة غرفتها، لا يتجاوز عدد الخارجين من صلاة الصبح خمسة أشخاص، العم أحمد يحاول أن يجرّ خطواته، يتّجه نحو صناديق القمامة المحكمة، يحاول أن يفتح بعضها، وبعد عناءٍ نجح في فتحها، فخرج فوجٌ من القطط نحوها دفعة واحدة، يبحثون عن طعام هم لهم، قبل وصول حافلة البيئة، كم فرحت لفرح العم أحمد وسط مواء القطط.

رنّة رِسالة

اليوم على غير العادة؛ استرخت في راحة، ولم تستيقظ إلا على رنة رسالة هاتفها المحمول، فتحتْها وقرأت: باقي ثلاثة أيام، لم تستوعب ما يعني بذلك.. فردّت عليه: لم أفهم ماذا تقصد!

قال: عيد الحـب..

تنهدت وقالت: هل يوجد حب حتى يكون له عيد!؟

روايَة

أخذت تقلّب في أوراقها هذا الاسم، احتفظت بها سنين طويلة،
وهذا تاريخ العذاب، الذي دوّنت تحت اسمه، أيقنت أخيراً أنه
مجرد رواية في حياتها!

فستـانُ فرح

أبهرت بجمالها كل المدعوين في العرس، مرتديةً فستانها الأبيض الممزوج بخيوط ذهبية، فزادها جمالاً.. إنها ليلة العمر، قدّم لها كل شيء، أكبر صالة للعرس.. مجوهرات.. قبّلها على جبينها أمام الحاضرين.. كانت تطير من فرحتها.. وفي غرفة الفندق ترك يدها، وشرع بصفعة قوية على خدها الورديّ، حتى يذبح لها القط في ليلتها الأولى معه، أهكذا يكون ذبح القط؟!

جَريدة

نادى بكل أسماء الجرائد، فهي تحمل قسوة الشتاء، وحرارة الصيف، وهو يركض بين أبواق السيارات، حفظ ألوان الإشارات.. واليوم تسرق منه التكنولوجيا فرحة جمع الدراهم!

أثيـر

كم سافرت عبر الأثير أبحث عن ذاتي، أهو ذاك الحلم الذي فاجأني ذات مساء؟ أيمكن أن أجده حقيقة خلف الضباب!؟

العُصفورة

كانت العصفورة تُحلّق فوق نافذتها، وهي تمدّ بصرها، باحثةً عنه، كم من مرة تفتح النافذة.. هل من رسالة جديدة، تحملها العصفورة، أم أنها تشاطرها الوحدة، في انتظارٍ قادمٍ؟!

وحدةٌ قاتلةٌ

الغرفة مظلمة، الوحدة قاتلة، سقف الغرفة ممتد وهي تحلق فيها: يا الله لا جديد، هذه الوسادة تختزل كل أنواع الذكريات، ترى طيفه أمامها كلما تقلّبت يميناً ويساراً.. يتجسّد المكان، لا بد أن تتخلص منه، حملت الوسادة وألقتها من النافذة بكل هدوء، تريد أن تتخلّص وتُخلص لوسادتها الجديدة، فعانقتها بكل حب!

سِباحَـة

قدري أن أسبح في تلك العينين، فتزداد جمالاً في بحر حزنها!

الخادِمة

كان يمسك طرف ثوبها.. لا تتركيني أمّي؛ فيصرخ الآخر في وجهها: هيّا اذهبي واتركيه، ليس لديك وقت.. وقبل أن تركب الحافلة المكتظة بالنساء، قبّلت صغيرها وهي تنزع طرف ثوبها من يديه؛ سأعود، وسأرسل لك المال الكثير لتشتري ما تحبه، انتظرني في البيت، وسأجلب لك أشياء كثيرة، طأطأت رأسها في حضنها وأشهرت البكاء!

خلعٌ

احتضنت طفلتها بقوة حين اشترت حريتها من القاضي، تحت بند «الخلع»!

موقعٌ

رجعت لموقعها، تمسّكت بقناعتها، لا يشغلها من لا يعرف الحب!؟

سَراب

جمعت كل الأوراق التي بداخلها.. كل أحاسيسها.. معها أحلام السراب التي كان يرسمها، لماذا تنزف هي رماداً محروقاً؟! أشعلت النار وسط ضحكة هستيرية، حينها وصلت رسالة منها على هزّة مفاجئة من جوالها: أحبُّكِ.. ألقتها وسط النار المشتعلة وقامت..!

البـرواز

كلّ شيءٍ صامتٌ حولي، إلا من طيفٍ يسكن جوف حروفي، فضبابيّتك باهتة، تتوسط برواز غرفتي، حاولت أن أمسح الغبار عنه، فسقط البرواز وتناثر الغبار في أجزاء الغرفة، فانقطعت أنفاسي.. أمن الغبار؟ .. أم منك .. أم...!؟

برْدُ ليلٍ

وقفت ترتجف كالليل البارد وسط الصديق، لا جديد في حياتها
سوى عشق جديد في مدينة الحب!

نـزاعُ قلمٍ

نظر إلى قلمه، هل له أن يهجره!؟ لقد نزف حبر قلبه.. كتب للوطن.. كتب للحب.. فكتب وكتب وتدحرج القلم أخيراً ووقف منصدماً، بعد أن عرف بموت الحرف في جوفه!؟

الرصيفُ الأسودُ

كانت تسحق بعجلات سيارتها الرصيف الأسود الممتد أمامها، تريد أن تعيش لحظة عناق الشمس مع البحر.. تريد أن تتجسد الموج حتى تفرّغ حزناً يسكنها....!

أفواهُ نساءٍ

سمعت صرخة هزّت البيت، تعالت صرختها مع صرخات نسوة الحيّ، إنه الشهيد ملفوف بعلم الوطن، سكتت برهة، ووقفت بين الجموع، أخذت تصفّق وتضحك وترقص بين ترانيم زغاريد النساء..

أُمٌّ

ذهب مع زوجته وأبنائه إلى أرقى مطعم في المدينة، لتناول وجبة الغداء، وبعدها طلب الفاتورة، فقال له النادل: الفاتورة مدفوعة من آخر مرة جئت إلى هنا، برفقة والدتك، فقد دفعت لك فاتورة سنة كاملة، فتسابقت دموعه؛ الواحدة تلو الأخرى، وكأنها في سباق المارثون، فقد كانت المرة الوحيدة التي أخذ فيها أمه إلى هنا!

جرسُ المدرسة

جلست على حافة الكرسيّ أمام مكتبها، لقد تأخرت معلمتها، التي كانت تسقيها الحنان، وتمسح على رأسها، وتضع في يدها خمسة دراهم، كم هي مشتاقة لها بعد الإجازة.

طال انتطارها، ولم تأتِ، ولما دخلت معلمة أخرى، قالت لها: ماذا تفعلين هنا؟ هيّا اذهبي إلى فصلك، فقالت والكلمات تنتعش على لسانها: أنتظر معلمتي هدى، فأجابتها: لن تأتي أبداً.. لقد رحلت إلى الله تعالى!

ملامةٌ

لا تلمني على السؤال، فبعد غدر السنين؛ ما عدت أتحمل البعد لِثوانٍ، لقد أدمنت الصبر حتى أدماني، فكيف لا أسأل عن همس قلبي!؟

زحف أبيض

وقفت أمام المرآة، وهي تحمل ثوبها الذي اختارته لعرس أختها الأصغر، التي ستتزوج قبلها، نظرت لوجهها في المرآة، وخصلات الشعر الأبيض تزحف رويداً رويداً إلى رأسها، أخذت تنهيدةً طويلة، وأحاسيسَ وكلماتٍ تحترق في جوفها، لماذا هذا الحظ الذي يرافقني وأنا الأجمل!؟

أسـرارُ زوجٍ

كانت تعيد ترتيب فراشها، فوجدت جوال زوجها، وهزّت رأسها: لقد نسيه، فوقعت عيناها على آخر رسالة؛ أسرع زوجتك في المشفى تَلِد، سقطت من طولها، وهي من أنجبت له تسعة أبناء!

حقيقةٌ مرّةٌ

كم سافرتُ عبر الأثير، أبحث عن ذاتي، أهو ذاك الحلم الذي فاجأني ذات مساء، وأجده حقيقة خلف الضباب؟!

مدادُ وجعٍ

ما هذا الجنون الذي يعتريك اليوم يا وجعي: لقد رسمت من الدمع مداداً سكبته في لوحة الحزن، وتصبغ أناملي بحروف حلم اليقين!

يقظةُ حلمٍ

ماذا لو كنت نائماً في حلم طويل، وجاء من يوقظك منه، ويعلن أنه الحلم، وأنت بين اليقظة والحلم، فتجده العذاب نفسه، وتبقى أسير هذا العذاب حتى تصحو..!

عاشقةُ حروفٍ

كم جميلة هذه الحروف.. عشت معها لحظات فرح، أتعلم لماذا عشقت الحرف.. لأن الحروف منك؛ بعد أن كانت توجعني، أصبحت ملهمتي..!

أنا والبحر

ذهبت إلى البحر لتلقي بهمومها إليه، وما إن تعاركت أمواج البحر لحظة شوقها، حتى ألقت تلك الأمواج عليها كل أسرار البحر، فلم تكسر كتفها فحسب، بل أضلعها، وعادت لبيتها قائلة: يا ليتني لم أذهب إليه، فهموم أسراره أكبر من حملي، واحتضنت وسادتها، ونامت متمتعة، ما أجمل همّي وما أخفّه..!

الحفِيدة

ذهبت تلك الفتاة الصغيرة مع أمها التي ربتها إلى المدرسة في يومها الأول، وما إن رأت الطالبات تلك المرأة المتقدّمة في العمر، ماشية بخطوات ثقيلة، حتى أخذن يضحكن عليها، ويقلن لتلك الطفلة: ما أبشع أمك.. حبست دمعتها البريئة، وما إن عادت للبيت حتى سألتها: هل أمي يا جدة جميلة مثلي في الجنة أم أنها تشبهك؟!

ألـعابُ بنات

كُنّ أخواتٍ يلعبن معاً: البعو والجحيف واليوريد، والغميضة والحجلة... ويتشاركن الملابس والأحذية وكل شيء، وأقسمن ألا يفرقهن إلا الموت، وما إن كبرن حتى فرقهن ترف الحياة..!

زوجة صديقه

كانا صديقين بل إخوين وأكثر، ولشدة حرصه على سعادته مع زوجته، كان يصلح بينهما بكل صدق، ومع مرور الوقت - ودون أن يدري - عشق زوجة صديقه وعشقته أكثر.. ولما عرف بالأمر قتل صديقه، ودخل السجن، وعاشت زوجته أرملة حيّ، وقلبها في حداد على حبيبها الراحل!!

اختلاط

كانت على قدرٍ كافٍ من الجمال، وكانت تتمتع بحرية تامة، طمع فيها جميع الرجال، فالكل يريد أن يكون على علاقة بها، ألأنها تتصرف بعفوية، أم لجمالها، أم لقوّة شخصيتها.. أم...؟!

وما واحد منهم، كان يفكر بالارتباط بها، أخذت تحدث نفسها: هل العيب في أسلوبي، ولم أفعل الخطأ في حياتي!؟ أم الخطأ في العادات والتقاليد البالية.. أم ماذا!! أيعقل أننا نعيش في زمن الذئاب؟ وإن كان؛ فأين البشر...؟ كل ما أريده زوج يحتضنني؛ أكثير ذلك عليّ؟!

ضفائرُ امرأةٍ

تلك الضفائر كانت السبب في عشقه لها، وما إن تزوجها حتى قصها، تلبيةً لرغبة أمه، أبكتها تلك الجدائل وقصّ معها حبها له!

أحاديثُ قهوةٍ

فتحت بيتها لها، وكانتا كل يوم تحتسيان القهوة معاً، تتبادلان الأحاديث، وكل يوم يأتي زوجها إليها ليقبلها، قبل أن يخرج من المنزل، فغارت تلك من قبلة زوجها.. فلم تسرق قبلتها فقط، بل زوجها وبيتها، وألقتها في دار المسنين.

صيّاد

ذهبت لتصطاد من النهر السمك، وما إن وقفت على حافته حتى سحبها جريانه، فأنقذها صيّاد بسيط، التهمها ولم تعد تراه، وهو أب طفلها المنتظر، فأخذت تخطرف، أُجهضه، وأُدخل جهنم مرتين؟ فأنا كجمرة نار لا أعرف كيف أطفئ نفسي وفي داخلي روح تنبض!

الخطيبة

جنونها مستمر به، علّقت صوره في جميع أنحاء غرفتها، حتى تراه كلما التفتت حولها.. وبعد الخطبة بشهر، سرقته منها أختها الصغرى، فحمدت ربها أن التي سرقته أختها لا صديقتها، فستراه كل ليلة ببيتها لا غرفتها..!

الفَقِيـرة

كانت تلك الصبية تعمل لتطعم والدها الضرير، وأمّها المقعدة، وإخوتها الصغار، عملت بجد.. في الليل تمسح أرضية المشفى القريب من البيت، فاتهموها بشرفها.. ألأنها تعمل في الليل ووضح النهار أم لأنها فقيرة؟!

هوى هواء

عشقته على برنامج الفيس، وسحق كرامتها على برنامج الواتس، وشكّ بها في كل ولد ينجبه منها، إذ كان يطلب DNA؛ ونعم الرجولة.. فهل العيب فيّ أم في الحبّ، أم في التربية العربية!؟

لقَاء

تعرّفت عليه في الشبكة العنكبوتية، وتبادلا صور الوجه، وما إن رأته مقعداً، حتى صُدمت، ورأت أنها تريد الزواج من رجل آخر.. حطّم قلبها، وأخذت تبحث عن فارسها، الذي كانت تنام على نبرة صوته، وعلى تلك الابتسامة الملائكية، التي خطفت أجمل دقت قلب وبريق عين!

فكرٌ متحضّر

لأنه رجل متحضّر، سمح لابنه أن يجلب صديقته إلى بيته، فهو ينادي بحريّة المرأة وحقوقها، وعندما طلبت منه ابنته أن ترافق صديقها لمطعم عام، صفعها على خدها وقال: أنا رجلٌ شرقيٌّ حتى النّخاع.

ستـرة

عندما كانت مع صديقتها الأجنبية في السيارة، قالت لها: أنت لست في بلدك.. لماذا تلفين نفسك بالعباءة؟ راقت لها الفكرة وألقت عباءتها ونزلت من السيارة، وما إن خطت الخطوة الأولى، حتى اختبأت خلف السيارة، رفضت أن تخطو الخطوة الثانية، مشيرة لصديقتها أن تجلب لها العباءة!

موظّف

يوم زفاف ابنته الوحيدة، أراد أن يجلب لها ذلك العقد الذهبي، الذي أطالت النظر إليه طويلاً، فاختلس من خزنة عمله المال لشرائه، وفي نيّته أن يعيد المبلغ، وبعد أن اشتراه، أخرجه في تلك الليلة من جيبه ليلبسه لابنته العروس، ابتسمت فرحاً، وبكت حسرة عندما أرجعه لجيبه قائلاً: لا يمكن أن أضع في عنق ابنتي طوقاً من نار، وابنته تقول: هو ذهبٌ؛ ذهب وليس جمر نار!

حبٌّ

لأنها تحبه، تحمّلت عناده، وأسلوبه وغضبه، حتى قسوته، كان فيها كل الحنان، فهي تعلم طبعه، وتعرف أنه يحبها أكثر مما تحبه.. تركها حتى لا يعذبها، فعاشت في عذابٍ دائمٍ.

ماءٌ سلسبيل

لم تتعود على الماء العذب، فماء حياتها كله وحلٌ في وحل، ولما أدمنته رحل عنها قائلاً: آسف حبيبتي، لقد تعبت، والله أحبك، لكن لا أقدر أن أغضب ربي أكثر! فأجابته: ولمّا أدمنت حبي ألم تغضب الله تعالى؟! كم مرة قلت لك هيا نتزوج!؟

ويرد عليها دوماً: أنت معروفة، وأنا كذلك، فماذا سيقول الناس عنا!؟

أجابته: وماذا سنقول لربّ الناس!؟

فقال لها: لهذا أقول يكفي، وانتهى الأمر، وإن لم ينتهِ، فقد انتهى الآن...!

سعيدةٌ بك

لو لم أكن متزوجة وعندي أحفاد، لقبلت أن أعيش بجوارك مدى العمر، فحبي لك فاق الحدود، ولهذا سأتركك مع عروسك الجديدة، وأسعد أنا بك من بعيد، يا ليتني كنت معك، لا هي؛ فكن بخير... ولن أكون بخير، ولكنني سعيدة لأجلك!

إعادةُ زمان

يا زماني، هل أرجعت لي لحظة واحدة، من أيام دقات الساعة التي أهديتني إياها يوم تخرجي، وقلت ستخرجين معي إلى مملكتنا..

اعترض والده طريقهما، لأنها أجمل من بناته وزوجته..!

قالت: وما ذنبي يا عمّ؟

قال: الذنب ذنب أمكِ، فأنت ابنتي التي لم أعترف بها يوماً قطا!!

وحل

منذ متى وأنتِ في الوحل..؟ هيّا تعالي معي، سأرى لك عملاً آخر، أنظف بكثير مما أنت فيه، فغرّقها في وحله الأعمق، فحنّت إلى حيّها الشعبي الذي يملأ أزقته الوحل، وإلى بيتها المبني من الطين المطبوخ... رفض عودتها وبقيت عشيقة ذلك الغني، فخافت من اليوم الذي ستعود فيه إلى وحلها القديم، وأخذت تهذي: متى ستنتهي تاريخ صلاحيتي!!

عِبـارة

رصفت كل الأحرف العربية أمامها، لتشكل أجمل عبارة، فشكلت الحروف وحدها عبارة: أنت الوطن وإن كنت المنفى، ففي عينيك وطني، متى ستحررني من قيدي!؟

شُمُوع

جهّزت العشاء وأنارت الشموع، وكلها لهفة عليه وله، فهذه ليلة عيد زواجها الأول، فيا ترى هل هو متذكر هذا اليوم المقدس عند المرأة؟ وأخذت تفكر وتسأل نفسها: ما الهدية التي سيجلبها لي؟! وفجأة دخل عليها ومعه عشيقته، وهي غارقة في عالمها الوردي، وما إن سمعته يقول لها لا تحدثي صوتاً هي نائمة؛ حتى فقدت النطق ولم تستطع أن تطلب الفراق..!

عكس الحقيقة

قال لها: أنت غامضةٌ وقويةٌ وشرسةٌ، وما إن تكوني معي؛ حتى تكوني مثل طفلة تتشبث بجلباب أبيها..!

قالت بصمتٍ دون بوح: لأنني أحببتك فوق كل توقعاتي ولكني امرأة لها كبرياء لا عناد!

فرقهما ذلك الكبرياء لا العناد، وكلاهما يرى نفسه على حق.. تاهت الحقيقة وتاها معها..

وبقي كلٌ منهما على حبه!

خاتمُ زواج

كل يوم تجد على مكتبها الوردة الحمراء، التي تحبها، وبقربها ورقة كتب عليها صباح الورد يا أحلى من الورد.. مرت سنة على هذا الحال، كم تتمنى أن تعرف صاحب الوردة، وعلى غير عادتها؛ كتبت على الورقة: أحبّك، أليس لديك إحساس..؟ يفصلنا جدار.. أخرجت من حقيبتها خاتم الزواج ووقفت أمامه رافعة إبهامها..

سائق أطفال

كل يوم يصحو مبكراً، يستعجل ويقود سيارته بسرعة جنونية، ومن ثم يتركها، ليكمل طريقه إلى مكان عمله ماشياً، فيقود حافلة الأطفال وهو في قمة فرحته ويضاحكهم، ويمرح معهم، وقبل أن يهرول مع سيارته؛ يعطي المشرفة المسؤولة راتبه، ويوصيها أن تنتبه للأطفال، انتبهت المديرة وتبعته، فوجدته يركب سيارة فارهة، غالية الثمن، وقفت أمامه وسألته: لقد كشفت أمرك، فمن تكون؟! وقبل أن ينطق بحرف سبقته دمعته، فقال: سيدتي أمتلك أموالاً طائلة، لكنني محرومٌ من ابتسامة الأطفال..!

زائرُ المسـاء

كل ليلة أجهز قصيدتي لأهمس في أذنك، وأحضر موسيقانا لنرقص معاً، مرّت السنون ولم تأتِ، وكنت على يقين من حضورك في ليلة ما، وفي لحظة نزاع، أخبروني عنك، في ذاك المساء الذي أعددت فيه قصيدة عشقي لك.. يومها فارقت أنت الحياة، وعشت على أمل الحضور...!

لحظة

لا أطلب منك الكثير ولا أريد كل اليوم لي، كل ما أريده لحظة أمان أغرق في حضورك، وبعدها أشد رحالي، ولن تراني، لتعيش بسلام، وأنا كل السلام والفرقة، هلّا أعدت لي كياني الذي بعثرته، أمام خوفك من كل شيء، وأنا كل الأشياء، احتفظت بشيئك وتركت كل الأشياء..!

ذات مساء

ذات مساء اشتاقت له، وكان يخفي عنها أنه متزوج، هاتفته لتسمع منه: تصبحين على خير.. وما إن رنّ الهاتف، حتى أغلقه سريعاً مرسلاً لها رسالة: يا مخبولة، لا ترسلي شيئاً، تريدين أن تخربي بيتي، من أنتِ؟ أنت حبيبتي وقت فراغي..!

ريـاح نـافذة

بعد أن توفي زوجها الذي ترك لها مالاً وفيراً، وقعت في حبّ ثعلب ماكر، أنار لها ظلمة غرفتها المشرقة، مزّق ستائرها ليستر بها جسده الخبيث، ووضع قناع المحبة، وبدأ ينهش أحاسيسها، شيئاً فشيئاً.. لم تستطع أن تقاوم حبه، فوقعت في الحرام، فطلبت الزواج منه، فقال: لن أتزوج من زانية.. بعد أن سرق منها كل شيء؛ هي زانية، فمن يكون هو!؟

أفعى نوافذ

كل يوم تقف مع زوجها عند نافذة غرفتها، لتحتسي القهوة معه، وكانت تلقي لفرخ الأفعى المريضة بعض الحلوى كلّ يوم، تبتسم لهما، فأحبّاها.. قالا: لن تؤذينا، هي من مخلوقات الله تعالى، نحن نطعمها.. وذات مرة اقتربت منهما بجلدها الناعم، وأخذا بلمسها وهي تتلوى أمامهما بحركة بهلوانية، وعلى حين غرة لدغتهما دون سبب قائلة لهما والزبد يخرج منها: عذراً؛ أنا الأفعى، لن أتغيّر!!

زجاجُ نـافذةٍ

كانت تلمّع زجاج غرفتها باستمرار، وفي مرة وهي تضغط عليه؛ جرحها ونزف دمها، فسألته: لماذا وأنا مهتمةٌ بتنظيفك..؟ فقال لها: لا تنسي أنني زجاج؛ وأنكسر وأجرح وأُدمي، رغم صفاء لوني! الذنب ذنبك، لم تنتبهي..!

الغريبة

لما توفي والدها الميسور، عزم أخته الوحيدة، وطلب منها أن تتنازل عن إرثها، لأنها متزوجة من غريب، ولا يحق له أن يستمتع بمال أبيها، فرفضت.. ثار عليها وقال: كانت عندي أختٌ وماتت، وقبل أن تخرج قالت: إن كان هو غريباً، فهل أنا غريبة؟! فقال: أنت زوجة الغريب.. ولن تأخذي من تعبي شيئاً، أنا من عملت مع والدي رحمه الله تعالى، أما أنت فلا، فقالت: وماذا عن زوجتك الغريبة؟!

صفعها قائلاً: إنها زوجة أخيك.. وطردها من بيت والدها، وهي تقول: سبحان الله؛ الغريب أصبح من الصلب، والقريب ليس منه!!

قوارِب

ركبوا قوارب بلا أشرعة خوفاً من القتل، الذي يحل بوطنهم، فقد أصبح فيه الدم مستباحاً، والعِرض مُباحاً، وهناك أطفال مشردون، وبيوت بلا سقف، وأموال تنهب، والسلطة في الخندق مختبئة، تناشد الدول المجاورة، والسّلاح غطّى تراب الوطن، فلم يعد لهم متّسع وسط هذا الازدحام.. ذهبوا إلى وطن آخر حنون غير الوطن الذي تركوا جذورهم فيه، وعندما حطت أقدامهم في وطنهم الغريب لا الجديد، ماتوا فوراً، إذ نسوا جذورهم متجذرة في وطنهم الأصلي!

صنّارةُ صيد

غمز ذلك البحار بصنارته لحوريات البحر، لينقلهن إلى الأرض، ناصحاً لهن أنه يوجد بها حافلات كهربائية وسيارات فارهة، وملابس من حرير، ومجوهرات أجمل من مجوهرات البحر، وأبنية فخمة، وقصور مذهبة.. إلخ، كأنها قطعة من الجنة التي وعدنا الله تعالى بها، فقد أغراهن كثيراً ووافقن على الذهاب.. وما إن ذهبن معه، حتى وضعهن في متحف السمك، ليجلب السياح لبلده، فهو من أشد المتعصبين للوطن والعرق والجنس!

محار

خدعت تلك الصدفة لؤلؤتها يوم وعدتها أن تحميها من عيون الصيادين، وما إن هلّ الغواصون عليها، حتى أشارت لهم من بعيد بضوء خافت، صادر من اللؤلؤ الذي بداخلها، إذ فتحت فمها خلسة دون علم اللؤلؤ، فاستولوا عليهما معاً، بعد أن وعدوا تلك الصدفة بالمال الكثير، فقالت للؤلؤة: اعذريني.. عندي أطفال ووطن جائع، أريد أن أطعمهم، فقالت لها: أنت الوطن، ونحن أبناؤك.. ماذا فعلت بنا وبنفسك؟ فقالت: لم أكن أعلم أن من يبيع وطنه يكون مصيره الموت الحياتي أو الموت الحقيقي، كلاهما مرٌّ!

بحّار

ذلك البحار لم يثق بأحد قط، ولما سئل عن ذلك قال: أنا أعيش في البحر ومعه، فهو متقلب لا يبقى على حال، وعلّمني جدي أن البحر غدار، فهذا البحر الذي أنا منه؛ فكيف بحال البشر!؟

أيتام

تلك المرأة حنّت على أيتام كانوا جيراناً لها، وقالت في نفسها: الله تعالى لم يرزقني الأولاد، لعلهم ينفعوني في كبري، وما إن كبروا وحفظوا مداخل بيتها وأسراره؛ حتى سرقوها في ليلة ظلماء، لم تستغرب الوضع، وقالت: ربما لأنهم ليسوا من رحمي، وربما فاقد الشيء لا يعطيه، وربما لأنهم تعودوا أن يأخذوا كل شيء دون تعب وعناء.. وربما.. ربما...

عيناها

لما اعتنى بها وعشقها وأخلص لها؛ عيناها نظرتا للغنى الفاحش: قصور؛ جواهر؛ خدم؛ ولكنها فقدت حنان من اعتنى بها، وبعد أن هربت، رجعت له نادمة، فهرب منها..!

خِصام

خاصمها بينه وبين نفسه، واعتذر لها أمام الناس، فقد استل عذريتها لحظة شيطان فكان رجلاً.. تزوجها ورفض أن ينجب من ملاكه، حتى لا تنجب شياطين مثله!

فقالت له: نصفهم الثاني الملاك، الذي كان للحظة شيطاناً.

فقال: لا تقولي ذلك، أنا من أغويتك، فأنا أخاف على بناتي لحظة شيطنة شيطان ثان!

فأجابته مقبّلة رأسه: أصابعك ليس بعضها مثل بعض!

شريف

في كل مرة كان شريف يسرق، ولا أحد يشك بأنه من سرق، وبأنه فوق الشبهات، وهو يضحك ويبتسم لحسن حظه أن اسمه شريف.. وفي داخله كان يقول: بل سارق سارق، حتى خنقه ذلك الضمير الحي في نفسه، فقرر أن يقيم الحد على نفسه، وهنا كان ذنبه أكبر، فالجسد أمانة عندك، لست أنت من يقيم الحد، فصرخ قائلاً: أين الدولة لتقيم عليّ الحد في يدي اليسرى، بعد أن قطعت اليمنى؟

انشقاق

بعد فراق طويل، ظننت أنه قد نسي أيام الخوالي، ولكنه كان كل يوم يفتح صفحتها، ويقرأ حروفها، ويعلم أنها تعنيه، فهو ملهمها في الكتابة، وبقي على وعده وعلى حبه، ولكنه فضّل الابتعاد حتى تبدع أكثر وأكثر في الكتابة!

رب كبير

أربكها ذاك الضجيج الصامت، في جوف الليل، وتقضي الليل بأكمله؛ تنتظر رسالة منه، وهو يقرأ كل رسائلها، ولا يرد عليها، وهي على يقين أنه يحبها ولكن لا بد أنه ليس بخير.. وحدسها صادق، فإنه فقد النطق وشلت حركته، يوم قرر أن يعاشرها بالحرام، بحادث سير ألمّ به، وكان يدعو الله تعالى أن يكتب لها كلمة: أن تسامحه، ولم يستطع أن يفعل..!

عزّة نفسٍ

يوم عيّرها بعمل والدها المتواضع؛ تركته يعض على أنامله ندماً، وقالت: أنا ابنة عامل التنظيفات نهاراً، وحارس مصنعكم ليلاً، فتاج الابنة أبوها، وأخذت تقبّل يديه المتّسختين، يكفي أن هذه الأيدي لم تدعُني أحتاج لذئاب السكك..!

رقصة المساء

رقصت معه وقصة المساء الأخيرة، وبعد أن قدّم لها خاتم الارتباط، وقال لها: سأنجب منك أولاداً كثراً.. اختنقت ولم تستطع أن تقول له: إنني أحتضر، أخفيت عنك الأمر حتى لا تتألم، فخاتمك زاد من أوجاعي، يا ليتك كنت خائناً أو كنت تتسلى بي، كما يفعل البعض.. بقيت ترقص معه حتى فارق الحياة، والدموع تذرف على خديها: سألقاك في عالمي الآخر.. أحبّك.. أحبّك..!

ستارة

جعلت ستائر غرفتها مسدولة ليلاً ونهاراً، بعد أن علمت برحيله دون سبب، وذات يوم قاربت أن ترفع الستارة، بعد أن فقدت الأمل بعودته، وإذا بيد سحرية تمسك بيدها، وتهمس في أذنها: أنا هنا.. أنا معك.. أنا لك.. لقد كنت مسجوناً..

صريرُ ليلٍ

حاولت أن تخفي برد جسدها الملتهب، ليلة برد قارس، فنوافذ زجاج بيتها مكسرة، ليلة كسرها أمامها، لأنه رآها تحدث صديقه، ودون أن يسأل عن نوع الحديث؛ ثار وغضب، وقال: سأقتلك وأقتله.. وبعد أن خرج، صرخت: كنت أسأله عنك، فقد اشتقت لك!!

كلمات

تلك الكلمات التي تفوه بها، كانت كخنجر مسموم في صدرها، يوم أخبرها بعشقه لثلاث نساء غيرها، وقال: أنا صادقٌ معك.. أحبكن كلكن.. ولا فرق بينكن.. فكل واحدة منكن تكمل الأخرى، وهذا حقي، فقالت: ومن حقي أن أكرهك، وهنيئاً لك بالأخريات، وأنت لا تحب إلا نفسك!

إدمان

كانت تعمل في مصحةٍ للإدمان على المخدرات، واعتنت بذلك المدمن أفضل عناية، فأحبها دون سابق إنذار، وكانت تبادله الحب، وبعد أن شفي من الإدمان، طلب يدها فرفضته، لأنه كان مدمناً، وقالت: لن آخذ مدمناً رغم حبي لك.. أهلي؛ مجتمعي؛ عالمنا؛ لن يرحمنا!

مرآةُ سيّارة

ضربت سيارته مرآة سيارتها، ويا ليتها وقفت على ضربة المرآة بالسيارة، بل ضرب قلبها في الوقت نفسه، أقصد سحر عينيها، بماركة سيارته، وعاد مراهقاً وهو ابن الستين، وهي الصبية ابنة العشرين، عشقت شيب شعره كما تدعي، وعشق فيها شبابه الذي رحل عنه.. وفي الحقيقة؛ المال والجمال يلعبان بشكل كبير في علاقة كهذه!

قرارٌ صعبٌ

علقت الابن والأب معاً، وعذرها ليس بعذر، وإن كان نبيلاً، فقد كانت تبحث عن من يشتري جمالها وشبابها، لتعالج أمها المريضة!!

حنانُ معلمة

كانت تقف والشمس كادت تحرق وجهها، إذ كانت تصف طابور التلميذات الصغيرات، ليصعدن إلى الحافلة، فقد كان اليوم طويلاً، بين شرح وتصحيح الأوراق، فهدا يوم إشراقها، فاقتربت منها طفلة صغيرة، وسألتها: هل لديك أبناء؟ فتصنّمت مكانها وقالت: لا يا صغيرتي، لم أتزوج بعد، فسحبتها من يدها، وتوجهت بها إلى إحدى السيارات الواقفة، وبداخلها رجل وسيم، وأخذت الطفلة تقول: أبي لقد أحضرت أمّاً لي، بدل أمي الراحلة، تزوجها يا أبي!!

حالُ فتاةٍ

أجبروها على الزواج من ابن عمها، وقال لها أهلها: ستحبينه
بعد الزواج، ومرت الأيام، فاشتكته لهم: يعذب ويضرب ويهين،
فقالوا: اصبري ولك الجنة، فصبرت حتى تزوج عليها وطلقها..

قزقزةُ نساءٍ

كان غائبَ الجسد، حاضر الروح، في فكري، في لحظة السرحان، في ترانيم الشعر وأيقونة الماضي والحاضر.

ثرثرة النساء تفيقني، أبحث عن نصفي الثاني؛ إنه هنا..

لماذا يسيطر الغياب وهو يسكنني، ويسكن فنجان قهوتي..

لا أريد أن أرتشف فنجاني حتى لا تغيب، رغم أن الصورة الضبابية تصل إلى قاع الفنجان، وأنا أحدق حتى يسكن في جفوني.

طريقٌ

ليس لي طفولة أخرى.. وليس لي حبٌّ كهذا..

لا أريد ذاكرة حبّ رسمت على الأخدود والحدود..

قف!

لقد أخطأت الطريق.. ليس أمامي طريقٌ ممتدٌّ، ولا حدود للزمن.. فلا تقف على نافذتي.. ولا تغدق بالرسائل، فليس بي شوق للقراءة.

الممرّ

يمشي بخطواتٍ هادئة داخل المشفى، يبحث عن غرفة صديقه سعيد، بالأمس اصطدمت سيارته بإنارة الكهرباء المزروعة وسط الشارع، عرف أن لديه كسراً في رسغه الأيمن، وكتفه اليسرى، حمل معه باقة ورد.

توقف في الممر أمام غرفة بابها مفتوح، عندما نظر إلى وجهها عرف أنها هي..

وقعت الباقة من يده، أدار وجهه خوفاً من أن تعرفه، أشار بيده للمرضة، ما بها مديحة!؟

أنجبت طفلاً جميلاً

من هول المفاجأة نسي صديقه، واتجه نحو المحكمة، وهو يصرخ.. لقد خدعتني، منذ أن طلقتها وأنا أصرف عليها بأمر المحكمة أكثر من ثلاثين ألفاً؛ لإيجار الشقة، ونفقة الأولاد والخادمة!

كم أنا مخدوع!

حتى زوجها أتت به هنا، يعيش على نفقتي!

الأماكن

لم أكن الوحيدة في ليلة رأس السنة؛ التي تبحث عن حب ذاك اليوم، ولا المساء الذي أنتظره أتى.

أنين البرد كان يزلزل مخدعي.. مع هذا تمسكت بشريط الماضي.

كم من المضحك؛ وكم من السعادة؛ وكم من الألم يتحرك كلما تذكرت..

في ليلة رأس السنة، لم أكن وحيدة، كانت معي كل الأماكن، وكل لوحة رسمتها.

كالقمر

كنت يوماً حلماً كالقمر

سرحت في الصحراء كالبدر

يلامس خدي قطرات الندى

قطرات مالحة تكدست في مقلتي بعد سقوط القمر.

زهرة

عند الغروب أمسكت زهرة من بستاني الصغير، احترت هل أشم رائحتها أم أشكو لها وجعي؟ هاهي تذبل في يدي، لأنني قطفتها كما قطف هو قلبي من الجسد.

سهو

وحدك سرقت ليلتي

ما عاد الليل يستهويني

لم تعد النجوم في مكانها

ولا ذاك السماء يلهمني

ولا الحروف تجتاح ذاكرتي

كنت الليل والنجوم والسماء..

أنا جديد

أحست بألم في رجليها إثر كسر بسيط، منعها من سياقة سيارتها، فاتصلت على صديقتها.. هل أنت ذاهبة إلى المهرجان؟

بالطبع، فأنا مشاركة في الجلسة الحوارية معك.. هل نسيتِ؟

صحيح؛ إذن سأرافقك، لأني لا أستطيع السياقة بالطبع

مهرجان قرائي؛ هرج ومرج وأطفال يتطايرون فرحاً مع الألعاب والمهرجين والمطاعم، التي هي أكثر الرابحين في هذا المكان، أما أصحاب دور النشر فأكثرهم كان يغالبهم النعاس.

في الجلسة الحوارية؛ الحاضرون لا يتجاوزون أصابع اليد، رغم أن الحوار كان جميلاً ومفيداً..

استلمت شهادة الشكر والتفتت إلى صديقتها:

زاد الألم برجلي، أريد العودة.

انتظريني نصف ساعة، وسأعود معك.

خذي راحتك، سأستغل سيارة أجرة، لا تهتمي.

خرجت بعد عناء، ووصلت إلى الشارع، فأشارت إلى سيارة أجرة، فتوقفت ثم ركبت السيارة:

أريد منطقة الشهباء

هز رأسه؛ لا أعرف المكان!

هل تعرف مستشفى القاسمي؟

هز رأسه؛ لا

إنه أكبر مستشفى بالشارقة، وأنت سائق أجرة، كيف لا تعرفه؟

الجملة الوحيدة التي كان يتقنها: أنا جديد!

طيب، اذهب وأنا أرشدك إلى الطريق..

هز رأسه بعدم الموافقة!

نزلت من السيارة وهي تهذي بكلمات: أيعقل أنهم يوظفون سائقين لا يعرفون لغة ولا طريقاً!

إننا في زمن التكنلوجيا والذكاء الاصطناعي!

تاهت بين سيارات الزوار، التي كانت تملأ الساحة والألم

يفتك برجلها، تمنت لو تملك كرسيّاً متحركاً، أو حتى تجد أمامها أي شيء مرتفع لتجلس عليه..

الجبس يضغط عليها، انتفخت أصابع رجلها، نظرت إلى يدها، تذكرت أنها كانت تمسك بشهادة!

لقد نسيتها في سيارة الأجرة!

مر نصف ساعة!!

لقد خرجت صديقتها..

أفواجٌ من الناس.. لا تستطيع أن تركز، رؤوسٌ تتدافع نحو السيارات، بدأت أصوات الأطفال تتحرك، أبواق السيارات.. لا تعرف ماذا تفعل!

هناك أحدهم يمسك بيد طفلين؛ يفتح سيارته، ألقت نفسها!

لم ترفع رأسها؛ فقط قالت:

أمن الممكن أن توصلني إلى أقرب مستشفى؟

حاضر (صوت ليس بغريبٍ على مسمعها).. رفعت رأسها، ودققت في ملامحه وملامح الطفلين!

إنه هو! (صرخة ألم أطلقتها مكتومة محبوسة)

تكومت الدموع في عينيها.. إنه هو!

سُكَّرُ الصباحِ

فتحت عينيْها بصعوبةٍ، نظرت إلى ساعة جوّالها، إنها الثامنةُ والنصف، يجب أن تنهض بسرعة، هل يكفيها الوقت إن أخذت حمّاماً خفيفاً؟

اختارت القميص الأخضر الفاتحَ مع البنطلون البطّيخي بسرعة كالبرق، ووقفت تحت الدُّش وهي تطرد أفكارًا تعوّدت أن تسترجعها تحت هدير الماء، كي تغسل كل همومها مع قطرات الماء الناصع الخالي من الشوائب، لكن اليوم ليس لديها مُتَّسَع من الوقت، فأمعاؤها تزعجها، تذكرت أنها لم تتناول العشاء، وعندما أحست بالجوع كان الوقت متأخراً، شربت الماء مع بعض الأدوية، ثم نظرت إلى الساعة من جديد، إنها تشير إلى التاسعة..

نزلت من السلالم بسرعة، صادفتها الشغالة:

- مدام؛ الإفطار جاهز..

ألقت نظرة على الطاولة، الفول والبيض المسلوق والعسل الطبيعي الذي جلبته لها صديقتها شمسه من المزرعة، سال لُعابها والجوعُ يفتك بها لكنها لا تستطيع، فأخذت قِنّينة الماء وأسرعت نحو سيارتها.

الشوارع شبهُ مزْدَحِمة.. لعنت الشاحنات التي تخرج عن مسارها، وأخيرًا الصديق المجهول يبعث تغريدة: صباح الخير اليومي مع الورد، ترد عليه: صباح الورد.. لا تستطيع أن تكتب في الخط السريع لأول مرة تسجل صوتها: آسفة، لا أستطيع الرد على صباحك، فأنا أقود عربتي على الخط السريع.

وصلت فأعطت بطاقتها للموظفة.

- انتظري دورك بعد خمس دقائق.

سمعت على أجهزة النداء الآلي رقم الورقة التي بيدها.. أسرعت إلى الغرفة رقم (ثلاثة)، كما سمعت.

مدت يدها.. إنها تخاف من اللون الأحمر. فأغمضت عينيها.

قرأت جملة من الأدعية، وخز خفيف!!

حمدت الله، وأسرعت نحو العربة التي أخذت جزءًا من الممر مكاناً لها، فطلبت فطيرة جبن وشاي بالحليب، وقبل أن تلتهمه تذكرت! يجب أن تأخذ حبةً قبل الأكل، فابتلعت الحبةَ..

أرادت أن تجلس في الاستراحة، فتذكرت أن لديها اجتماعاً، يجب أن تذهب، ففضّلت أن تأكل وهي تقود سيارتها، فتحت باب السيارة ووضعت الأكل وحقيبة يدها، فجأةً أُغلقت أبواب السيارة، وقفت كالمجنونة!

ماذا تفعل؟! المفتاح والجوال في الحقيبة.. والأكل أيضاً!

خافت وأصابها الرعب! شعرت بدوران وارتعاش في يديها، جفاف في حلقها! جمهرة الناس!

السرير الأبيض.. الممرضات! أوقفت السيارة.. كانت خارجة من المواقف!

ـ أعطني قطعة حلوى..

المهر

كانت تَمشي بخُطوات بطيئةٍ والحزن قد أكل شيئاً من جمالها، وقفت أمام والدها والخجلُ يكسو وجهَها، وقالت بصوت هادئ: لقد سمعت صوتك تناديني.. تفضل أبي ما الأمر؟

- هلا ابنتي الغالية حصة.

- تدرين؛ مرّ على وفاة المرحوم سليمان زوجك سنة، وخلال هذه السنة أكثر من واحد تقدم لخطبتك لكن، كنت أقول في نفسي سأنتظر فترةً وفاءً لزوجك الراحل، وحتى تستعدي نفسيًا ويمر بعض الوقت.. العمر يجري يا ابنتي، يمكن الله يرزقك بذرّيّة ينفعونك في كِبرك، أريد الاطمئنان عليك.. وهذا يشغل بال كل أب.

- حاضر أبي العزيز.. أنا طوع أمرك.

انكمشت في مكانها على الكنبة المرتَخِيَة في صالة البيت، وسرَحت في حديث أبيها، وشعورٌ غريبٌ يختلج في داخلها..

يوم زواجها الأول، كانت وقتَها تبلغ من العمر اثنين وعشرين سنة، مازال فستانها الأبيض يترنح في دولابها، لم يتغير فيه شيء وبقيت مع سليمان خمس عشرة سنة، وهي الآن على عتبة الأربعين.. ترى ماذا كتب لها القدر؟

هذه المرة كانت غريزة الأمومة تراودها في كل حين، تتمنى أن ترى بطنها أمامَها كبقية المعلّمات في المدرسة، لكنها صبرت وكانت ترى فرحتها في عيون تلميذاتها تحضننهنّ تبتسم لهنّ.. كم من مرة تلمّح لها حماتها وتسمع همسات أخوات زوجها وكأنها هي المذنبة، مع هذا كانت تبلغ حزنها وألَمَها بصبر، حتى أمُّها لم ترحمها من السؤال: حصّة، ألم تراجعي الأطباء؟ هل العيب منك أم من زوجك؟

كانت هذه الكلمات كالسّكاكين تقطع فيها. ظل الصمت رفيقَها والمعلمات في المدرسة يتهامسن، تقول إحداهن في حضورها: صدري يؤلمني، تراكم الحليب في صدري.. اليوم الدراسي طويل.. ساعة للرّضاعة لا تكفي.

مما يجعلها تعيش لحظاتٍ من الصعب وصفُها، تتمنى أن يكون لديها هذا الإحساس، تتحسس صدرَها؛ لا شيءَ.. أحياناً كانت تُوهِم نفسها بأنها تُرضِع طفلها وهي تداعب دُميتها، وهي تحاول أن ترضعها من ثديها في غياب سليمان عن البيت.

تركت مكانها، ودخلت حجرتها في بيت أبيها، وفتحت أنوار الغرفة ووقفت أمام المرآة. تحسست وجهها، لعبت في خصلات شعرها، تناثر الرقاق الأبيض في خصلات شعرها، كأنها أقمار أضاءت سواد شعرها.

إذن سأتزوج للمرة الثانية، لكنني خائفة.. كبرت عن عمر الزواج المعتاد، لا أدري ماذا ينتظرني؟ منذ سنة وأنا لم أخرج من البيت إلا نادرًا، حتى عندما أنهيت العدَّة كانت على أبواب الإجازة الصيفية منذ ثلاث شهور، رجعت إلى عملي لكنني طلبت النقل إلى مدرسة أخرى، خِفتُ من نَظَرات الشفقة أو الشماتة في هذا العالم الغريب، كل الألسنة تتحدث، تجرحني في أحيان كثيرة، حدد والدي الأسبوع القادم زواجنا وطلب مهراً بسيطاً لأنّني أرملة.

يا إلهي! كيف أدخل على رجل غريب لم أعرفه من قبل سوى في النظرة الشرعية كما يقولون! ذهبت إلى صالون التجميل بعد إلحاح من أمي أن أصبغ شعري، غيرتُ اللون تمامًا، صبغته باللون الكستنائيّ، وضعت لي المجمّلة بعض المكياج ووقفت أمام المرآة مرة ثانيةً، لقد تغير شكلي؛ في ليلة الزفاف كنت أرتجف خوفاً وهو يقول: اقتربي، لا تخجلي! لا يدري ما يشغلني.. فجأة صرخ: بكر.. أنتِ بكر!!

الكرسيّ الفارغ

تجلس أمام شاشة الحاسوب وتنظر إلى ساعة معصمها تارة، وإلى ساعة الحائط تارة أخرى.. أدمنت النظر إلى شاشة الحاسوب، تحرك قائمة الأسماء؛ تفتقده.. بالأمس أعلنت أنها أنهت العلاقة ولن تنتظره عند المساء، لتكون محطة راحة، تزيل عنه هموم يومه من خلال المحادثة عبر هذا الجهاز، ويتركها بعد أن يثمل ويثقل كاهلها ويذهب والنعاس يغازله.. بالأمس أخبرته أن كل شيء بينهم قد انتهى.

مرت ساعة من الوقت وهي تركز على هذا الجهاز، وعيناها ترصد هاتفها النقال..

أيقنت أنه كان فعلاً ينتظر منها هذا الكلام، حتى يسترسل في الغياب.

قامت من الكرسي، حركت رجليها، ووقفت عند النافذة.. ظلام دامس يغزو كل أرجاء البيت.. الخوف يعتريها. كان حديث السهر يشغلها.. هي التي قطعت العلاقة به وقتها، حيث قالت له غاضبة:

- دعني، لا أريد أن أعيش تفاصيل يومك.

- أنتِ انتفاضة روحي وراحة يومي.

- لا أستطيع أن أبقى معك، معارك تدور في داخلي، الصراع بين عقلي وقلبي يقتلني في اليوم مئات المرات.

- دعي فيض نورك يحتويني، لا تعكري صفو روحي.

- حسمت الأمر، لا أستطيع؛ صدقني.

أوقف الحلم، فهو الآن يحبو، لا أريد أن يكبر.. ولا أستطيع إيقافه.

أقفلت الماسنجر واستلقت فوق سريرها..

مرّ يوم وهي تتمسّك بكبريائها، لا تريد أن تتراجع والحزن يأكل وجهها، لا تستطيع أن تبعد عنه.. بالأمس منحها حياة جديدة، واليوم تطلب منه أن يتركها، عاشت معه بعد أن أعاد إليها طفولتها المسروقة، ومسح عن قلبها حزن أعوام مضت.

الليل معه كان جميلاً، ويرحل بسرعة، والشمس تباغتهما على غفلة، لكن الآن؛ الليل أصبح كالطريق الذي ليس له

نهاية، وأخيراً؛ أشعة الشمس تصافح نافذتها، نهضت والكلل والملل يلاحقانها.

يرتفع صوت رنين هاتفها النقال.. فرحةً قفزت إلى قلبها، خاب ظنها، كانت صديقتها هند.

أهلا سمية، هل ستر افقينني؟ أريد أن أتناول طعام الغداء في مطعمٍ فاخر، افتتح على قناة القصباء، فهل ترافقيني؟

لا مانع لديّ، ولكن احسبي حساب شخص آخر معنا.

كما تشائين.

ركبت سيارتها بسرعة، أخذت الطريق الدائري، من شارع الوحدة إلى قناة القصباء، والخيال لا يفارقها، ستجده هناك، سيجلس بجوارها، ستأكل من يده، لم تحس بزحمة الطريق، ولا تعرف كيف؟

وصلت قبل صديقتها، دخلت المطعم؛ مكان رومانسي؛ صوت فيروز يطرب من داخل المطعم، اختارت طاولة بأربعة كراسٍ، دخلت صديقتها..

ـ أهلاً سمية، لقد وصلتِ قبلي إلى المطعم.

ـ نعم عزيزتي، التفكير فتح شهيتي للأكل، لذا سبقتك في المجيء.

- إذن دعيني أطلب الطعام قبل أن يفتك بك الجوع، ولكن لمن الكرسي الثالث؟!

ـ لشخصٍ أحس بوجوده بجانبي

- أين هو؟ هل سيتأخر؟

- سيأتي، لكن أطلبي الأكل

ـ ما بك سمية؛ هل أنت طبيعية؟ أهناك أحدٌ؟ أم هو بطل روايتك؟ لقد تعوّدت على جنونك بالأمس على الشاطئ.. أوهمتيني بحضوره، واليوم في المطعم! هل أكيد سيأتي؟ لقد طلبت صحناً وملعقة وشوكة، والكرسي فارغ!!

لم ترد على صديقتها التي انشغلت بالأكل، ركزت على الكرسي الفارغ، الذي لم يشغله أحد.

يجمعني الصوت بك مجدداً، فأعيش تفاصيل ارتباك وأسرح مع دفات الموج بعيداً، فلا أحزن لغياب الشمس، لأنني أثق في شروقها من جديد.

باغتتها صوت صديقتها، فأفاقت من سرحانها..

سمية، أين وصلت؟ تاهت سفينتك؟ أم احتضنك المرسى؟!

أتعرفين يا عزيزتي؟ سيأتي هذا المساء وحيداً، يحملني دمعاً ويمضي بي إلى المدى المفتوح للنسيان.

ألم تكوني جائعة؟ لَمَ لا تأكلين!؟

لأني عشت هلوسات السراب، وأنا أراه يطعمني بيده، ولكن كما ترين؛ فالكرسي الفارغ أشعلني حرقة، وسد نفسي عن كل جميل حولي.

إنك تبحثين في العتمة!

لأنكِ لم تعيشي أمسي في غيابه، عبثاً أبحث عنه.

إنك تخيفينني..

تساؤلاتك تفجر بداخلي فيضاً من الارتباك والحيرة، أيقظت بداخلي تفاصيل كدت أنساها.

دعي كرسيك الفارغ يحتوي ذاكرتك، فلن يسكنه سوى السراب.

لقد كنت قاسية معه بالأمس.

لا تبرري، وحرري فكرك.

خرجت من المطعم، وعيناها تطارد الكرسي الفارغ، ترى هل سيشغله يوماً ما؟!

كادت ترتطم بالباب، رجة خفيفة أعادتها إلى صوابها..

أي جنون أعيشه؟ فأنا منذ الأمس وعبرات الحزن ترسم معالم وجهي!

ماذا دهاني!؟

أعيش وهم العشق والسفر إلى اللاشيء، روحي تحرس مفرداته، يلاحقني.. يسيطر على ذاكرتي، هل لي أن أخبره عن انتفاضة روحي في غيابه؟!

وهل أتراجع عن قرار اتخذته؟ أم أنحني لهمسه؟

اغتيال وردة

كانت آخرَ مَن خَرج من القاعة بعد اجتماع دام أكثر من ساعة. أخذت حقيبتَها والخمولُ قد استوطن جسدها، مع ابتسامة خفيفة رسمتها على وجهها: اجتماعاتُنا كثيرة، أكثر من أعمالنا. لفت نظرها منظر وردة حمراء مهملة ملقاة على الأرض كادت أن تسحقَها بكعْبِ حِذائِها، انحنت.. تلقّتْها.. شغلتها الوردة.

مسكينةٌ أنتِ، أُهملتِ هنا بعد أن امتصّوا عبيرَك، كنتِ قبل لحظات مفتاح الفرح لحبيبيْن التقيا، أو أميرة في استقبال كبار المسؤولين، دائماً تكونين عنوان فرحة، ولكن بعد انتهاء المناسبة، هكذا يلقونك! حققتِ الغرضَ وانتهت مهمتُك، لن تكوني بعيداً عني أبداً، فأنا أشبهك تماماً، ويمكن أن يكون حظُّك أحسنَ منّي، فأنت تُقطَفين مرة واحدة، يأخذون روحك مرة واحدة، أما أنا فأحترق يومياً وأذوب كالشمعة ببطء، أمشي في

ممرّاتٍ ضيّقةٍ تخنُق أنفاسي، أحلم بالرومانسية، أعيش قصصَ الخيال عبرَ عبيرِ أوراقك، واليوم أنظر إليك، ذبُلتْ أطرافُك..

ها أنا أداعبك وأردد في حنين مشتاق: يا ورد، من يشتريك؟! هناك الكثير يدفعون ويتسابقون لشرائك ولكن من يحافظ عليك؟ كنت لحظة نزوة عابرة تسرب عبيرُك، لا تصلحين الآن. مراتٍ أجِدُكِ في يد عروس ستُزَفّ، يا ترى هل ستلقي بك بعيداً، أم تضمك بحنان لأنك أسعدتِ ليلةَ عمرها؟

ضاقت بي الدنيا، أريد أن أُلقيَ همومي في البحر.. جدال طويل، تأزمت بداخلي، وجدتك كي أذرف دمعي في بقايا عبيرك، كنت مُنزَوِيَةً، لا أصرخ، أهز رأسي دائماً بالموافقة، اليوم أيقظتِ غيبتي، وأنا أجدك هكذا.. كنت أخفي كلام عيني وكأنني أنا المرأة الوحيدة التي سجلت في دنيا الشقاء.

صديقتي سارة كنت أبوح لها وأخبرها، لأنها تحفظ سِرّي، وهي تنصت إليّ كلما ضِقتُ، أكلّمُها لنَخرج معاً إلى البحر.. لا تمانع.. أجدها أيضاً تشتكي وتهمس للبحر. إنها تسمعني أكثر مما تشتكي.. ترسل همومها مع دفقات الموج ليأخذها بعيداً في ذهول. لم أختر يوماً أن أكون هكذا. من أول ليلةٍ ذبَح القطة أمامي فأسكنَني الرُّعبَ، تمسكت بالخوف حتى خارج أسوار البيت، كنت أظنني طفلةً أتقبّل الأوامر.. اليوم عرفت أنني ناضجة ولا بد أن أختار حياتي.. أحسست بالغثيان وأنا أتذكر تفاصيل حياتي.

سامحكِ الله يا سارة! لماذا كنتِ فقط تسجلين اعترافاتي، ولم تخبريني أنني كبرت؟! اغتالوك يا وردتي كما اغْتيلت حُقولُ جَسدي.

الفهرس